I0500102

Integer sit amet massa sit amet urna rhoncus finibus. Pellentesque maximus, eros rutrum consectetur sodales, augue ex tincidunt augue, ut porttitor magna nisl in velit. Ut lobortis magna nisl, ultricies varius lectus egestas quis. Sed fringilla, urna posuere volutpat cursus, felis enim posuere turpis, molestie accumsan nulla eros at nulla. Suspendisse odio urna, fringilla sit amet lobortis vitae, consectetur eget ex. Suspendisse faucibus commodo est vel finibus. Sed ac dictum felis, at ullamcorper nulla. Nullam vel finibus justo, et porta est. Donec congue, nulla non auctor consequat, elit massa scelerisque nulla, at fringilla ex ligula ac erat. Etiam vitae hendrerit erat, id fringilla tellus. Ut at volutpat risus, vel condimentum quam.

Curabitur congue lectus eu lacus scelerisque, sed rhoncus sem suscipit. Vivamus mi tortor, feugiat vel iaculis sed, eleifend eget quam. Integer cursus arcu ac venenatis egestas. Phasellus quis sagittis elit. Sed ut elit ac justo accumsan mollis. Sed eget arcu in odio iaculis pharetra eget id eros. Maecenas eu malesuada lorem. Sed finibus efficitur lectus, at posuere augue. Etiam nec consequat massa.

Sed posuere elit at faucibus tincidunt. In quis malesuada ex. Donec convallis nisi id faucibus varius. Nam condimentum risus id eros tincidunt viverra. Cras in fermentum nibh, facilisis pharetra magna. Proin at maximus neque, aliquam fringilla tellus. Mauris imperdiet sapien nisi, eu finibus enim laoreet id. Aliquam eu euismod nisi. Quisque gravida suscipit venenatis. Ut metus lacus, efficitur quis arcu quis, sollicitudin viverra elit. Sed accumsan risus quam, ut luctus ligula mattis non.

Fusce tincidunt orci justo, vel placerat tortor vestibulum vitae. Donec eu velit facilisis, accumsan mauris a, pulvinar diam. Aenean eu gravida ligula. Sed viverra sagittis imperdiet. Nullam ultricies erat et turpis bibendum, ac imperdiet dui vehicula. Proin tempor ante a mattis vulputate. Suspendisse vitae ante in justo iaculis fermentum. Sed ut turpis gravida, tempus ipsum eget, posuere diam. Nunc odio nisi, dictum non turpis vel, commodo facilisis turpis. Ut diam justo, varius sed rhoncus interdum, lobortis sed quam. Sed interdum est sit amet orci sollicitudin, nec convallis massa ornare. Donec non enim nisl.

Etiam ut porta purus. Morbi a urna ut massa fringilla viverra id at tellus. Integer venenatis, arcu a imperdiet congue,

Lorem ipsum dolor sit amet, consectetur adipiscing elit. Duis commodo nulla ut quam tempor accumsan. In condimentum libero nec aliquam iaculis. Phasellus finibus at nunc ac pellentesque. Phasellus eleifend, felis nec lacinia ornare, est neque posuere metus, nec commodo metus dolor vitae dui. Aliquam erat volutpat. In id risus a mauris egestas ultricies eu nec metus. Suspendisse porta neque massa, quis ullamcorper purus cursus non. Nunc ac euismod nibh. Vivamus fringilla cursus fermentum. Nullam quis tincidunt quam. Fusce ornare mauris turpis, sit amet hendrerit nunc venenatis non. Mauris pretium interdum porttitor.

Class aptent taciti sociosqu ad litora torquent per conubia nostra, per inceptos himenaeos. Nulla facilisi. Phasellus sollicitudin mi vitae nisi rutrum iaculis. Nunc nibh tellus, placerat nec urna sed, luctus accumsan metus. Etiam et ornare metus. Etiam posuere laoreet felis, quis finibus sem commodo ut. Etiam auctor fermentum sem, quis luctus nisl sollicitudin et. Pellentesque ultricies eget mauris nec vestibulum. Aenean id mattis mi, laoreet tristique nibh. Fusce facilisis libero felis, vehicula ultricies quam rutrum sit amet. Vivamus faucibus, diam sed consectetur eleifend, orci felis porttitor sapien, vel consectetur massa ex vitae tellus. Ut a sem nec mauris cursus imperdiet a tempor odio. Maecenas venenatis lorem turpis, eget posuere enim ultricies non.

Sed non massa non arcu pellentesque rhoncus. Donec vitae finibus leo. Phasellus et suscipit nisl. Cras leo urna, volutpat vitae sapien nec, ultricies elementum nulla. Duis bibendum rhoncus lorem, vitae ornare purus bibendum in. Integer eleifend diam sed dui finibus hendrerit. Nunc vulputate gravida erat eget porttitor. Fusce faucibus mattis pretium. Cras sem justo, gravida ut lacinia tincidunt, consectetur quis justo.

Vestibulum molestie dolor justo, a consectetur urna facilisis vitae. Cras vestibulum orci eget volutpat consequat. Vivamus sapien ligula, maximus sit amet fringilla non, lobortis id orci. Vivamus ipsum lorem, rutrum ut varius eu, interdum at metus. Vivamus eget nisl ullamcorper, eleifend eros eget, ultricies tellus. Integer et turpis mattis arcu aliquet lobortis. Phasellus quis mi elementum, molestie nulla vitae, fringilla nulla. Integer interdum neque eu bibendum rhoncus. Morbi rhoncus tellus eu vehicula pretium. Ut ut semper magna, vitae rhoncus nisi. Sed ac mi eget ex hendrerit volutpat. Suspendisse ut rutrum turpis, ac iaculis dui.

Sed nec ante tellus. Duis volutpat sit amet ante quis feugiat. Aliquam erat volutpat. Phasellus nec malesuada lectus. Integer lobortis laoreet tempor. Phasellus aliquam ex metus, a efficitur urna luctus nec. Nam luctus nulla non purus fermentum, ac fringilla augue pellentesque. Proin nunc nulla, pharetra sit amet tristique quis, porta ut nibh. Cras in odio nec mi scelerisque convallis. Mauris sodales malesuada enim, non sodales purus mattis in. Aenean ultrices ante in felis molestie eleifend. In nec diam ac lorem malesuada finibus. Etiam sollicitudin metus vel dapibus scelerisque. Morbi sed suscipit ipsum. Suspendisse viverra diam elit, at hendrerit lorem vehicula et.

Integer sit amet massa sit amet urna rhoncus finibus. Pellentesque maximus, eros rutrum consectetur sodales, augue ex tincidunt augue, ut porttitor magna nisl in velit. Ut lobortis magna nisl, ultricies varius lectus egestas quis. Sed fringilla, urna posuere volutpat cursus, felis enim posuere turpis, molestie accumsan nulla eros at nulla. Suspendisse odio urna, fringilla sit amet lobortis vitae, consectetur eget ex. Suspendisse faucibus commodo est vel finibus. Sed ac dictum felis, at ullamcorper nulla. Nullam vel finibus justo, et porta est. Donec congue, nulla non auctor consequat, elit massa scelerisque nulla, at fringilla ex ligula ac erat. Etiam vitae hendrerit erat, id fringilla tellus. Ut at volutpat risus, vel condimentum quam.

Curabitur congue lectus eu lacus scelerisque, sed rhoncus sem suscipit. Vivamus mi tortor, feugiat vel iaculis sed, eleifend eget quam. Integer cursus arcu ac venenatis egestas. Phasellus quis sagittis elit. Sed ut elit ac justo accumsan mollis. Sed eget arcu in odio iaculis pharetra eget id eros. Maecenas eu malesuada lorem. Sed finibus efficitur lectus, at posuere augue. Etiam nec consequat massa.

Sed posuere elit at faucibus tincidunt. In quis malesuada ex. Donec convallis nisi id faucibus varius. Nam condimentum risus id eros tincidunt viverra. Cras in fermentum nibh, facilisis pharetra magna. Proin at maximus neque, aliquam fringilla tellus. Mauris imperdiet sapien nisi, eu finibus enim laoreet id. Aliquam eu euismod nisi. Quisque gravida suscipit venenatis. Ut metus lacus, efficitur quis arcu quis, sollicitudin viverra elit. Sed accumsan risus quam, ut luctus ligula mattis non.

Fusce tincidunt orci justo, vel placerat tortor vestibulum vitae. Donec eu velit facilisis, accumsan mauris a, pulvinar diam. Aenean eu gravida ligula. Sed viverra sagittis imperdiet. Nullam ultricies erat et turpis bibendum, ac imperdiet dui vehicula. Proin tempor ante a mattis vulputate. Suspendisse vitae ante in justo iaculis fermentum. Sed ut turpis gravida, tempus ipsum eget, posuere diam. Nunc odio nisi, dictum non turpis vel, commodo facilisis turpis. Ut diam justo, varius sed rhoncus interdum, lobortis sed quam. Sed interdum est sit amet orci sollicitudin, nec convallis massa ornare. Donec non enim nisl.

Etiam ut porta purus. Morbi a urna ut massa fringilla viverra id at tellus. Integer venenatis, arcu a imperdiet congue,

Lorem ipsum dolor sit amet, consectetur adipiscing elit. Duis commodo nulla ut quam tempor accumsan. In condimentum libero nec aliquam iaculis. Phasellus finibus at nunc ac pellentesque. Phasellus eleifend, felis nec lacinia ornare, est neque posuere metus, nec commodo metus dolor vitae dui. Aliquam erat volutpat. In id risus a mauris egestas ultricies eu nec metus. Suspendisse porta neque massa, quis ullamcorper purus cursus non. Nunc ac euismod nibh. Vivamus fringilla cursus fermentum. Nullam quis tincidunt quam. Fusce ornare mauris turpis, sit amet hendrerit nunc venenatis non. Mauris pretium interdum porttitor.

Class aptent taciti sociosqu ad litora torquent per conubia nostra, per inceptos himenaeos. Nulla facilisi. Phasellus sollicitudin mi vitae nisi rutrum iaculis. Nunc nibh tellus, placerat nec urna sed, luctus accumsan metus. Etiam et ornare metus. Etiam posuere laoreet felis, quis finibus sem commodo ut. Etiam auctor fermentum sem, quis luctus nisl sollicitudin et. Pellentesque ultricies eget mauris nec vestibulum. Aenean id mattis mi, laoreet tristique nibh. Fusce facilisis libero felis, vehicula ultricies quam rutrum sit amet. Vivamus faucibus, diam sed consectetur eleifend, orci felis porttitor sapien, vel consectetur massa ex vitae tellus. Ut a sem nec mauris cursus imperdiet a tempor odio. Maecenas venenatis lorem turpis, eget posuere enim ultricies non.

Sed non massa non arcu pellentesque rhoncus. Donec vitae finibus leo. Phasellus et suscipit nisl. Cras leo urna, volutpat vitae sapien nec, ultricies elementum nulla. Duis bibendum rhoncus lorem, vitae ornare purus bibendum in. Integer eleifend diam sed dui finibus hendrerit. Nunc vulputate gravida erat eget porttitor. Fusce faucibus mattis pretium. Cras sem justo, gravida ut lacinia tincidunt, consectetur quis justo.

Vestibulum molestie dolor justo, a consectetur urna facilisis vitae. Cras vestibulum orci eget volutpat consequat. Vivamus sapien ligula, maximus sit amet fringilla non, lobortis id orci. Vivamus ipsum lorem, rutrum ut varius eu, interdum at metus. Vivamus eget nisl ullamcorper, eleifend eros eget, ultricies tellus. Integer et turpis mattis arcu aliquet lobortis. Phasellus quis mi elementum, molestie nulla vitae, fringilla nulla. Integer interdum neque eu bibendum rhoncus. Morbi rhoncus tellus eu vehicula pretium. Ut ut semper magna, vitae rhoncus nisi. Sed ac mi eget ex hendrerit volutpat. Suspendisse ut rutrum turpis, ac iaculis dui.

Sed nec ante tellus. Duis volutpat sit amet ante quis feugiat. Aliquam erat volutpat. Phasellus nec malesuada lectus. Integer lobortis laoreet tempor. Phasellus aliquam ex metus, a efficitur urna luctus nec. Nam luctus nulla non purus fermentum, ac fringilla augue pellentesque. Proin nunc nulla, pharetra sit amet tristique quis, porta ut nibh. Cras in odio nec mi scelerisque convallis. Mauris sodales malesuada enim, non sodales purus mattis in. Aenean ultrices ante in felis molestie eleifend. In nec diam ac lorem malesuada finibus. Etiam sollicitudin metus vel dapibus scelerisque. Morbi sed suscipit ipsum. Suspendisse viverra diam elit, at hendrerit lorem vehicula et.

Integer sit amet massa sit amet urna rhoncus finibus. Pellentesque maximus, eros rutrum consectetur sodales, augue ex tincidunt augue, ut porttitor magna nisl in velit. Ut lobortis magna nisl, ultricies varius lectus egestas quis. Sed fringilla, urna posuere volutpat cursus, felis enim posuere turpis, molestie accumsan nulla eros at nulla. Suspendisse odio urna, fringilla sit amet lobortis vitae, consectetur eget ex. Suspendisse faucibus commodo est vel finibus. Sed ac dictum felis, at ullamcorper nulla. Nullam vel finibus justo, et porta est. Donec congue, nulla non auctor consequat, elit massa scelerisque nulla, at fringilla ex ligula ac erat. Etiam vitae hendrerit erat, id fringilla tellus. Ut at volutpat risus, vel condimentum quam.

Curabitur congue lectus eu lacus scelerisque, sed rhoncus sem suscipit. Vivamus mi tortor, feugiat vel iaculis sed, eleifend eget quam. Integer cursus arcu ac venenatis egestas. Phasellus quis sagittis elit. Sed ut elit ac justo accumsan mollis. Sed eget arcu in odio iaculis pharetra eget id eros. Maecenas eu malesuada lorem. Sed finibus efficitur lectus, at posuere augue. Etiam nec consequat massa.

Sed posuere elit at faucibus tincidunt. In quis malesuada ex. Donec convallis nisi id faucibus varius. Nam condimentum risus id eros tincidunt viverra. Cras in fermentum nibh, facilisis pharetra magna. Proin at maximus neque, aliquam fringilla tellus. Mauris imperdiet sapien nisi, eu finibus enim laoreet id. Aliquam eu euismod nisi. Quisque gravida suscipit venenatis. Ut metus lacus, efficitur quis arcu quis, sollicitudin viverra elit. Sed accumsan risus quam, ut luctus ligula mattis non.

Fusce tincidunt orci justo, vel placerat tortor vestibulum vitae. Donec eu velit facilisis, accumsan mauris a, pulvinar diam. Aenean eu gravida ligula. Sed viverra sagittis imperdiet. Nullam ultricies erat et turpis bibendum, ac imperdiet dui vehicula. Proin tempor ante a mattis vulputate. Suspendisse vitae ante in justo iaculis fermentum. Sed ut turpis gravida, tempus ipsum eget, posuere diam. Nunc odio nisi, dictum non turpis vel, commodo facilisis turpis. Ut diam justo, varius sed rhoncus interdum, lobortis sed quam. Sed interdum est sit amet orci sollicitudin, nec convallis massa ornare. Donec non enim nisl.

Etiam ut porta purus. Morbi a urna ut massa fringilla viverra id at tellus. Integer venenatis, arcu a imperdiet congue,

Lorem ipsum dolor sit amet, consectetur adipiscing elit. Duis commodo nulla ut quam tempor accumsan. In condimentum libero nec aliquam iaculis. Phasellus finibus at nunc ac pellentesque. Phasellus eleifend, felis nec lacinia ornare, est neque posuere metus, nec commodo metus dolor vitae dui. Aliquam erat volutpat. In id risus a mauris egestas ultricies eu nec metus. Suspendisse porta neque massa, quis ullamcorper purus cursus non. Nunc ac euismod nibh. Vivamus fringilla cursus fermentum. Nullam quis tincidunt quam. Fusce ornare mauris turpis, sit amet hendrerit nunc venenatis non. Mauris pretium interdum porttitor.

Class aptent taciti sociosqu ad litora torquent per conubia nostra, per inceptos himenaeos. Nulla facilisi. Phasellus sollicitudin mi vitae nisi rutrum iaculis. Nunc nibh tellus, placerat nec urna sed, luctus accumsan metus. Etiam et ornare metus. Etiam posuere laoreet felis, quis finibus sem commodo ut. Etiam auctor fermentum sem, quis luctus nisl sollicitudin et. Pellentesque ultricies eget mauris nec vestibulum. Aenean id mattis mi, laoreet tristique nibh. Fusce facilisis libero felis, vehicula ultricies quam rutrum sit amet. Vivamus faucibus, diam sed consectetur eleifend, orci felis porttitor sapien, vel consectetur massa ex vitae tellus. Ut a sem nec mauris cursus imperdiet a tempor odio. Maecenas venenatis lorem turpis, eget posuere enim ultricies non.

Sed non massa non arcu pellentesque rhoncus. Donec vitae finibus leo. Phasellus et suscipit nisl. Cras leo urna, volutpat vitae sapien nec, ultricies elementum nulla. Duis bibendum rhoncus lorem, vitae ornare purus bibendum in. Integer eleifend diam sed dui finibus hendrerit. Nunc vulputate gravida erat eget porttitor. Fusce faucibus mattis pretium. Cras sem justo, gravida ut lacinia tincidunt, consectetur quis justo.

Vestibulum molestie dolor justo, a consectetur urna facilisis vitae. Cras vestibulum orci eget volutpat consequat. Vivamus sapien ligula, maximus sit amet fringilla non, lobortis id orci. Vivamus ipsum lorem, rutrum ut varius eu, interdum at metus. Vivamus eget nisl ullamcorper, eleifend eros eget, ultricies tellus. Integer et turpis mattis arcu aliquet lobortis. Phasellus quis mi elementum, molestie nulla vitae, fringilla nulla. Integer interdum neque eu bibendum rhoncus. Morbi rhoncus tellus eu vehicula pretium. Ut ut semper magna, vitae rhoncus nisi. Sed ac mi eget ex hendrerit volutpat. Suspendisse ut rutrum turpis, ac iaculis dui.

Sed nec ante tellus. Duis volutpat sit amet ante quis feugiat. Aliquam erat volutpat. Phasellus nec malesuada lectus. Integer lobortis laoreet tempor. Phasellus aliquam ex metus, a efficitur urna luctus nec. Nam luctus nulla non purus fermentum, ac fringilla augue pellentesque. Proin nunc nulla, pharetra sit amet tristique quis, porta ut nibh. Cras in odio nec mi scelerisque convallis. Mauris sodales malesuada enim, non sodales purus mattis in. Aenean ultrices ante in felis molestie eleifend. In nec diam ac lorem malesuada finibus. Etiam sollicitudin metus vel dapibus scelerisque. Morbi sed suscipit ipsum. Suspendisse viverra diam elit, at hendrerit lorem vehicula et.

Integer sit amet massa sit amet urna rhoncus finibus. Pellentesque maximus, eros rutrum consectetur sodales, augue ex tincidunt augue, ut porttitor magna nisl in velit. Ut lobortis magna nisl, ultricies varius lectus egestas quis. Sed fringilla, urna posuere volutpat cursus, felis enim posuere turpis, molestie accumsan nulla eros at nulla. Suspendisse odio urna, fringilla sit amet lobortis vitae, consectetur eget ex. Suspendisse faucibus commodo est vel finibus. Sed ac dictum felis, at ullamcorper nulla. Nullam vel finibus justo, et porta est. Donec congue, nulla non auctor consequat, elit massa scelerisque nulla, at fringilla ex ligula ac erat. Etiam vitae hendrerit erat, id fringilla tellus. Ut at volutpat risus, vel condimentum quam.

Curabitur congue lectus eu lacus scelerisque, sed rhoncus sem suscipit. Vivamus mi tortor, feugiat vel iaculis sed, eleifend eget quam. Integer cursus arcu ac venenatis egestas. Phasellus quis sagittis elit. Sed ut elit ac justo accumsan mollis. Sed eget arcu in odio iaculis pharetra eget id eros. Maecenas eu malesuada lorem. Sed finibus efficitur lectus, at posuere augue. Etiam nec consequat massa.

Sed posuere elit at faucibus tincidunt. In quis malesuada ex. Donec convallis nisi id faucibus varius. Nam condimentum risus id eros tincidunt viverra. Cras in fermentum nibh, facilisis pharetra magna. Proin at maximus neque, aliquam fringilla tellus. Mauris imperdiet sapien nisi, eu finibus enim laoreet id. Aliquam eu euismod nisi. Quisque gravida suscipit venenatis. Ut metus lacus, efficitur quis arcu quis, sollicitudin viverra elit. Sed accumsan risus quam, ut luctus ligula mattis non.

Fusce tincidunt orci justo, vel placerat tortor vestibulum vitae. Donec eu velit facilisis, accumsan mauris a, pulvinar diam. Aenean eu gravida ligula. Sed viverra sagittis imperdiet. Nullam ultricies erat et turpis bibendum, ac imperdiet dui vehicula. Proin tempor ante a mattis vulputate. Suspendisse vitae ante in justo iaculis fermentum. Sed ut turpis gravida, tempus ipsum eget, posuere diam. Nunc odio nisi, dictum non turpis vel, commodo facilisis turpis. Ut diam justo, varius sed rhoncus interdum, lobortis sed quam. Sed interdum est sit amet orci sollicitudin, nec convallis massa ornare. Donec non enim nisl.

Etiam ut porta purus. Morbi a urna ut massa fringilla viverra id at tellus. Integer venenatis, arcu a imperdiet congue,

Lorem ipsum dolor sit amet, consectetur adipiscing elit. Duis commodo nulla ut quam tempor accumsan. In condimentum libero nec aliquam iaculis. Phasellus finibus at nunc ac pellentesque. Phasellus eleifend, felis nec lacinia ornare, est neque posuere metus, nec commodo metus dolor vitae dui. Aliquam erat volutpat. In id risus a mauris egestas ultricies eu nec metus. Suspendisse porta neque massa, quis ullamcorper purus cursus non. Nunc ac euismod nibh. Vivamus fringilla cursus fermentum. Nullam quis tincidunt quam. Fusce ornare mauris turpis, sit amet hendrerit nunc venenatis non. Mauris pretium interdum porttitor.

Class aptent taciti sociosqu ad litora torquent per conubia nostra, per inceptos himenaeos. Nulla facilisi. Phasellus sollicitudin mi vitae nisi rutrum iaculis. Nunc nibh tellus, placerat nec urna sed, luctus accumsan metus. Etiam et ornare metus. Etiam posuere laoreet felis, quis finibus sem commodo ut. Etiam auctor fermentum sem, quis luctus nisl sollicitudin et. Pellentesque ultricies eget mauris nec vestibulum. Aenean id mattis mi, laoreet tristique nibh. Fusce facilisis libero felis, vehicula ultricies quam rutrum sit amet. Vivamus faucibus, diam sed consectetur eleifend, orci felis porttitor sapien, vel consectetur massa ex vitae tellus. Ut a sem nec mauris cursus imperdiet a tempor odio. Maecenas venenatis lorem turpis, eget posuere enim ultricies non.

Sed non massa non arcu pellentesque rhoncus. Donec vitae finibus leo. Phasellus et suscipit nisl. Cras leo urna, volutpat vitae sapien nec, ultricies elementum nulla. Duis bibendum rhoncus lorem, vitae ornare purus bibendum in. Integer eleifend diam sed dui finibus hendrerit. Nunc vulputate gravida erat eget porttitor. Fusce faucibus mattis pretium. Cras sem justo, gravida ut lacinia tincidunt, consectetur quis justo.

Vestibulum molestie dolor justo, a consectetur urna facilisis vitae. Cras vestibulum orci eget volutpat consequat. Vivamus sapien ligula, maximus sit amet fringilla non, lobortis id orci. Vivamus ipsum lorem, rutrum ut varius eu, interdum at metus. Vivamus eget nisl ullamcorper, eleifend eros eget, ultricies tellus. Integer et turpis mattis arcu aliquet lobortis. Phasellus quis mi elementum, molestie nulla vitae, fringilla nulla. Integer interdum neque eu bibendum rhoncus. Morbi rhoncus tellus eu vehicula pretium. Ut ut semper magna, vitae rhoncus nisi. Sed ac mi eget ex hendrerit volutpat. Suspendisse ut rutrum turpis, ac iaculis dui.

Sed nec ante tellus. Duis volutpat sit amet ante quis feugiat. Aliquam erat volutpat. Phasellus nec malesuada lectus. Integer lobortis laoreet tempor. Phasellus aliquam ex metus, a efficitur urna luctus nec. Nam luctus nulla non purus fermentum, ac fringilla augue pellentesque. Proin nunc nulla, pharetra sit amet tristique quis, porta ut nibh. Cras in odio nec mi scelerisque convallis. Mauris sodales malesuada enim, non sodales purus mattis in. Aenean ultrices ante in felis molestie eleifend. In nec diam ac lorem malesuada finibus. Etiam sollicitudin metus vel dapibus scelerisque. Morbi sed suscipit ipsum. Suspendisse viverra diam elit, at hendrerit lorem vehicula et.

Integer sit amet massa sit amet urna rhoncus finibus. Pellentesque maximus, eros rutrum consectetur sodales, augue ex tincidunt augue, ut porttitor magna nisl in velit. Ut lobortis magna nisl, ultricies varius lectus egestas quis. Sed fringilla, urna posuere volutpat cursus, felis enim posuere turpis, molestie accumsan nulla eros at nulla. Suspendisse odio urna, fringilla sit amet lobortis vitae, consectetur eget ex. Suspendisse faucibus commodo est vel finibus. Sed ac dictum felis, at ullamcorper nulla. Nullam vel finibus justo, et porta est. Donec congue, nulla non auctor consequat, elit massa scelerisque nulla, at fringilla ex ligula ac erat. Etiam vitae hendrerit erat, id fringilla tellus. Ut at volutpat risus, vel condimentum quam.

Curabitur congue lectus eu lacus scelerisque, sed rhoncus sem suscipit. Vivamus mi tortor, feugiat vel iaculis sed, eleifend eget quam. Integer cursus arcu ac venenatis egestas. Phasellus quis sagittis elit. Sed ut elit ac justo accumsan mollis. Sed eget arcu in odio iaculis pharetra eget id eros. Maecenas eu malesuada lorem. Sed finibus efficitur lectus, at posuere augue. Etiam nec consequat massa.

Sed posuere elit at faucibus tincidunt. In quis malesuada ex. Donec convallis nisi id faucibus varius. Nam condimentum risus id eros tincidunt viverra. Cras in fermentum nibh, facilisis pharetra magna. Proin at maximus neque, aliquam fringilla tellus. Mauris imperdiet sapien nisi, eu finibus enim laoreet id. Aliquam eu euismod nisi. Quisque gravida suscipit venenatis. Ut metus lacus, efficitur quis arcu quis, sollicitudin viverra elit. Sed accumsan risus quam, ut luctus ligula mattis non.

Fusce tincidunt orci justo, vel placerat tortor vestibulum vitae. Donec eu velit facilisis, accumsan mauris a, pulvinar diam. Aenean eu gravida ligula. Sed viverra sagittis imperdiet. Nullam ultricies erat et turpis bibendum, ac imperdiet dui vehicula. Proin tempor ante a mattis vulputate. Suspendisse vitae ante in justo iaculis fermentum. Sed ut turpis gravida, tempus ipsum eget, posuere diam. Nunc odio nisi, dictum non turpis vel, commodo facilisis turpis. Ut diam justo, varius sed rhoncus interdum, lobortis sed quam. Sed interdum est sit amet orci sollicitudin, nec convallis massa ornare. Donec non enim nisl.

Etiam ut porta purus. Morbi a urna ut massa fringilla viverra id at tellus. Integer venenatis, arcu a imperdiet congue,

Lorem ipsum dolor sit amet, consectetur adipiscing elit. Duis commodo nulla ut quam tempor accumsan. In condimentum libero nec aliquam iaculis. Phasellus finibus at nunc ac pellentesque. Phasellus eleifend, felis nec lacinia ornare, est neque posuere metus, nec commodo metus dolor vitae dui. Aliquam erat volutpat. In id risus a mauris egestas ultricies eu nec metus. Suspendisse porta neque massa, quis ullamcorper purus cursus non. Nunc ac euismod nibh. Vivamus fringilla cursus fermentum. Nullam quis tincidunt quam. Fusce ornare mauris turpis, sit amet hendrerit nunc venenatis non. Mauris pretium interdum porttitor.

Class aptent taciti sociosqu ad litora torquent per conubia nostra, per inceptos himenaeos. Nulla facilisi. Phasellus sollicitudin mi vitae nisi rutrum iaculis. Nunc nibh tellus, placerat nec urna sed, luctus accumsan metus. Etiam et ornare metus. Etiam posuere laoreet felis, quis finibus sem commodo ut. Etiam auctor fermentum sem, quis luctus nisl sollicitudin et. Pellentesque ultricies eget mauris nec vestibulum. Aenean id mattis mi, laoreet tristique nibh. Fusce facilisis libero felis, vehicula ultricies quam rutrum sit amet. Vivamus faucibus, diam sed consectetur eleifend, orci felis porttitor sapien, vel consectetur massa ex vitae tellus. Ut a sem nec mauris cursus imperdiet a tempor odio. Maecenas venenatis lorem turpis, eget posuere enim ultricies non.

Sed non massa non arcu pellentesque rhoncus. Donec vitae finibus leo. Phasellus et suscipit nisl. Cras leo urna, volutpat vitae sapien nec, ultricies elementum nulla. Duis bibendum rhoncus lorem, vitae ornare purus bibendum in. Integer eleifend diam sed dui finibus hendrerit. Nunc vulputate gravida erat eget porttitor. Fusce faucibus mattis pretium. Cras sem justo, gravida ut lacinia tincidunt, consectetur quis justo.

Vestibulum molestie dolor justo, a consectetur urna facilisis vitae. Cras vestibulum orci eget volutpat consequat. Vivamus sapien ligula, maximus sit amet fringilla non, lobortis id orci. Vivamus ipsum lorem, rutrum ut varius eu, interdum at metus. Vivamus eget nisl ullamcorper, eleifend eros eget, ultricies tellus. Integer et turpis mattis arcu aliquet lobortis. Phasellus quis mi elementum, molestie nulla vitae, fringilla nulla. Integer interdum neque eu bibendum rhoncus. Morbi rhoncus tellus eu vehicula pretium. Ut ut semper magna, vitae rhoncus nisi. Sed ac mi eget ex hendrerit volutpat. Suspendisse ut rutrum turpis, ac iaculis dui.

Sed nec ante tellus. Duis volutpat sit amet ante quis feugiat. Aliquam erat volutpat. Phasellus nec malesuada lectus. Integer lobortis laoreet tempor. Phasellus aliquam ex metus, a efficitur urna luctus nec. Nam luctus nulla non purus fermentum, ac fringilla augue pellentesque. Proin nunc nulla, pharetra sit amet tristique quis, porta ut nibh. Cras in odio nec mi scelerisque convallis. Mauris sodales malesuada enim, non sodales purus mattis in. Aenean ultrices ante in felis molestie eleifend. In nec diam ac lorem malesuada finibus. Etiam sollicitudin metus vel dapibus scelerisque. Morbi sed suscipit ipsum. Suspendisse viverra diam elit, at hendrerit lorem vehicula et.

Integer sit amet massa sit amet urna rhoncus finibus. Pellentesque maximus, eros rutrum consectetur sodales, augue ex tincidunt augue, ut porttitor magna nisl in velit. Ut lobortis magna nisl, ultricies varius lectus egestas quis. Sed fringilla, urna posuere volutpat cursus, felis enim posuere turpis, molestie accumsan nulla eros at nulla. Suspendisse odio urna, fringilla sit amet lobortis vitae, consectetur eget ex. Suspendisse faucibus commodo est vel finibus. Sed ac dictum felis, at ullamcorper nulla. Nullam vel finibus justo, et porta est. Donec congue, nulla non auctor consequat, elit massa scelerisque nulla, at fringilla ex ligula ac erat. Etiam vitae hendrerit erat, id fringilla tellus. Ut at volutpat risus, vel condimentum quam.

Curabitur congue lectus eu lacus scelerisque, sed rhoncus sem suscipit. Vivamus mi tortor, feugiat vel iaculis sed, eleifend eget quam. Integer cursus arcu ac venenatis egestas. Phasellus quis sagittis elit. Sed ut elit ac justo accumsan mollis. Sed eget arcu in odio iaculis pharetra eget id eros. Maecenas eu malesuada lorem. Sed finibus efficitur lectus, at posuere augue. Etiam nec consequat massa.

Sed posuere elit at faucibus tincidunt. In quis malesuada ex. Donec convallis nisi id faucibus varius. Nam condimentum risus id eros tincidunt viverra. Cras in fermentum nibh, facilisis pharetra magna. Proin at maximus neque, aliquam fringilla tellus. Mauris imperdiet sapien nisi, eu finibus enim laoreet id. Aliquam eu euismod nisi. Quisque gravida suscipit venenatis. Ut metus lacus, efficitur quis arcu quis, sollicitudin viverra elit. Sed accumsan risus quam, ut luctus ligula mattis non.

Fusce tincidunt orci justo, vel placerat tortor vestibulum vitae. Donec eu velit facilisis, accumsan mauris a, pulvinar diam. Aenean eu gravida ligula. Sed viverra sagittis imperdiet. Nullam ultricies erat et turpis bibendum, ac imperdiet dui vehicula. Proin tempor ante a mattis vulputate. Suspendisse vitae ante in justo iaculis fermentum. Sed ut turpis gravida, tempus ipsum eget, posuere diam. Nunc odio nisi, dictum non turpis vel, commodo facilisis turpis. Ut diam justo, varius sed rhoncus interdum, lobortis sed quam. Sed interdum est sit amet orci sollicitudin, nec convallis massa ornare. Donec non enim nisl.

Etiam ut porta purus. Morbi a urna ut massa fringilla viverra id at tellus. Integer venenatis, arcu a imperdiet congue,

Lorem ipsum dolor sit amet, consectetur adipiscing elit. Duis commodo nulla ut quam tempor accumsan. In condimentum libero nec aliquam iaculis. Phasellus finibus at nunc ac pellentesque. Phasellus eleifend, felis nec lacinia ornare, est neque posuere metus, nec commodo metus dolor vitae dui. Aliquam erat volutpat. In id risus a mauris egestas ultricies eu nec metus. Suspendisse porta neque massa, quis ullamcorper purus cursus non. Nunc ac euismod nibh. Vivamus fringilla cursus fermentum. Nullam quis tincidunt quam. Fusce ornare mauris turpis, sit amet hendrerit nunc venenatis non. Mauris pretium interdum porttitor.

Class aptent taciti sociosqu ad litora torquent per conubia nostra, per inceptos himenaeos. Nulla facilisi. Phasellus sollicitudin mi vitae nisi rutrum iaculis. Nunc nibh tellus, placerat nec urna sed, luctus accumsan metus. Etiam et ornare metus. Etiam posuere laoreet felis, quis finibus sem commodo ut. Etiam auctor fermentum sem, quis luctus nisl sollicitudin et. Pellentesque ultricies eget mauris nec vestibulum. Aenean id mattis mi, laoreet tristique nibh. Fusce facilisis libero felis, vehicula ultricies quam rutrum sit amet. Vivamus faucibus, diam sed consectetur eleifend, orci felis porttitor sapien, vel consectetur massa ex vitae tellus. Ut a sem nec mauris cursus imperdiet a tempor odio. Maecenas venenatis lorem turpis, eget posuere enim ultricies non.

Sed non massa non arcu pellentesque rhoncus. Donec vitae finibus leo. Phasellus et suscipit nisl. Cras leo urna, volutpat vitae sapien nec, ultricies elementum nulla. Duis bibendum rhoncus lorem, vitae ornare purus bibendum in. Integer eleifend diam sed dui finibus hendrerit. Nunc vulputate gravida erat eget porttitor. Fusce faucibus mattis pretium. Cras sem justo, gravida ut lacinia tincidunt, consectetur quis justo.

Vestibulum molestie dolor justo, a consectetur urna facilisis vitae. Cras vestibulum orci eget volutpat consequat. Vivamus sapien ligula, maximus sit amet fringilla non, lobortis id orci. Vivamus ipsum lorem, rutrum ut varius eu, interdum at metus. Vivamus eget nisl ullamcorper, eleifend eros eget, ultricies tellus. Integer et turpis mattis arcu aliquet lobortis. Phasellus quis mi elementum, molestie nulla vitae, fringilla nulla. Integer interdum neque eu bibendum rhoncus. Morbi rhoncus tellus eu vehicula pretium. Ut ut semper magna, vitae rhoncus nisi. Sed ac mi eget ex hendrerit volutpat. Suspendisse ut rutrum turpis, ac iaculis dui.

Sed nec ante tellus. Duis volutpat sit amet ante quis feugiat. Aliquam erat volutpat. Phasellus nec malesuada lectus. Integer lobortis laoreet tempor. Phasellus aliquam ex metus, a efficitur urna luctus nec. Nam luctus nulla non purus fermentum, ac fringilla augue pellentesque. Proin nunc nulla, pharetra sit amet tristique quis, porta ut nibh. Cras in odio nec mi scelerisque convallis. Mauris sodales malesuada enim, non sodales purus mattis in. Aenean ultrices ante in felis molestie eleifend. In nec diam ac lorem malesuada finibus. Etiam sollicitudin metus vel dapibus scelerisque. Morbi sed suscipit ipsum. Suspendisse viverra diam elit, at hendrerit lorem vehicula et.

Integer sit amet massa sit amet urna rhoncus finibus. Pellentesque maximus, eros rutrum consectetur sodales, augue ex tincidunt augue, ut porttitor magna nisl in velit. Ut lobortis magna nisl, ultricies varius lectus egestas quis. Sed fringilla, urna posuere volutpat cursus, felis enim posuere turpis, molestie accumsan nulla eros at nulla. Suspendisse odio urna, fringilla sit amet lobortis vitae, consectetur eget ex. Suspendisse faucibus commodo est vel finibus. Sed ac dictum felis, at ullamcorper nulla. Nullam vel finibus justo, et porta est. Donec congue, nulla non auctor consequat, elit massa scelerisque nulla, at fringilla ex ligula ac erat. Etiam vitae hendrerit erat, id fringilla tellus. Ut at volutpat risus, vel condimentum quam.

Curabitur congue lectus eu lacus scelerisque, sed rhoncus sem suscipit. Vivamus mi tortor, feugiat vel iaculis sed, eleifend eget quam. Integer cursus arcu ac venenatis egestas. Phasellus quis sagittis elit. Sed ut elit ac justo accumsan mollis. Sed eget arcu in odio iaculis pharetra eget id eros. Maecenas eu malesuada lorem. Sed finibus efficitur lectus, at posuere augue. Etiam nec consequat massa.

Sed posuere elit at faucibus tincidunt. In quis malesuada ex. Donec convallis nisi id faucibus varius. Nam condimentum risus id eros tincidunt viverra. Cras in fermentum nibh, facilisis pharetra magna. Proin at maximus neque, aliquam fringilla tellus. Mauris imperdiet sapien nisi, eu finibus enim laoreet id. Aliquam eu euismod nisi. Quisque gravida suscipit venenatis. Ut metus lacus, efficitur quis arcu quis, sollicitudin viverra elit. Sed accumsan risus quam, ut luctus ligula mattis non.

Fusce tincidunt orci justo, vel placerat tortor vestibulum vitae. Donec eu velit facilisis, accumsan mauris a, pulvinar diam. Aenean eu gravida ligula. Sed viverra sagittis imperdiet. Nullam ultricies erat et turpis bibendum, ac imperdiet dui vehicula. Proin tempor ante a mattis vulputate. Suspendisse vitae ante in justo iaculis fermentum. Sed ut turpis gravida, tempus ipsum eget, posuere diam. Nunc odio nisi, dictum non turpis vel, commodo facilisis turpis. Ut diam justo, varius sed rhoncus interdum, lobortis sed quam. Sed interdum est sit amet orci sollicitudin, nec convallis massa ornare. Donec non enim nisl.

Etiam ut porta purus. Morbi a urna ut massa fringilla viverra id at tellus. Integer venenatis, arcu a imperdiet congue,

Lorem ipsum dolor sit amet, consectetur adipiscing elit. Duis commodo nulla ut quam tempor accumsan. In condimentum libero nec aliquam iaculis. Phasellus finibus at nunc ac pellentesque. Phasellus eleifend, felis nec lacinia ornare, est neque posuere metus, nec commodo metus dolor vitae dui. Aliquam erat volutpat. In id risus a mauris egestas ultricies eu nec metus. Suspendisse porta neque massa, quis ullamcorper purus cursus non. Nunc ac euismod nibh. Vivamus fringilla cursus fermentum. Nullam quis tincidunt quam. Fusce ornare mauris turpis, sit amet hendrerit nunc venenatis non. Mauris pretium interdum porttitor.

Class aptent taciti sociosqu ad litora torquent per conubia nostra, per inceptos himenaeos. Nulla facilisi. Phasellus sollicitudin mi vitae nisi rutrum iaculis. Nunc nibh tellus, placerat nec urna sed, luctus accumsan metus. Etiam et ornare metus. Etiam posuere laoreet felis, quis finibus sem commodo ut. Etiam auctor fermentum sem, quis luctus nisl sollicitudin et. Pellentesque ultricies eget mauris nec vestibulum. Aenean id mattis mi, laoreet tristique nibh. Fusce facilisis libero felis, vehicula ultricies quam rutrum sit amet. Vivamus faucibus, diam sed consectetur eleifend, orci felis porttitor sapien, vel consectetur massa ex vitae tellus. Ut a sem nec mauris cursus imperdiet a tempor odio. Maecenas venenatis lorem turpis, eget posuere enim ultricies non.

Sed non massa non arcu pellentesque rhoncus. Donec vitae finibus leo. Phasellus et suscipit nisl. Cras leo urna, volutpat vitae sapien nec, ultricies elementum nulla. Duis bibendum rhoncus lorem, vitae ornare purus bibendum in. Integer eleifend diam sed dui finibus hendrerit. Nunc vulputate gravida erat eget porttitor. Fusce faucibus mattis pretium. Cras sem justo, gravida ut lacinia tincidunt, consectetur quis justo.

Vestibulum molestie dolor justo, a consectetur urna facilisis vitae. Cras vestibulum orci eget volutpat consequat. Vivamus sapien ligula, maximus sit amet fringilla non, lobortis id orci. Vivamus ipsum lorem, rutrum ut varius eu, interdum at metus. Vivamus eget nisl ullamcorper, eleifend eros eget, ultricies tellus. Integer et turpis mattis arcu aliquet lobortis. Phasellus quis mi elementum, molestie nulla vitae, fringilla nulla. Integer interdum neque eu bibendum rhoncus. Morbi rhoncus tellus eu vehicula pretium. Ut ut semper magna, vitae rhoncus nisi. Sed ac mi eget ex hendrerit volutpat. Suspendisse ut rutrum turpis, ac iaculis dui.

Sed nec ante tellus. Duis volutpat sit amet ante quis feugiat. Aliquam erat volutpat. Phasellus nec malesuada lectus. Integer lobortis laoreet tempor. Phasellus aliquam ex metus, a efficitur urna luctus nec. Nam luctus nulla non purus fermentum, ac fringilla augue pellentesque. Proin nunc nulla, pharetra sit amet tristique quis, porta ut nibh. Cras in odio nec mi scelerisque convallis. Mauris sodales malesuada enim, non sodales purus mattis in. Aenean ultrices ante in felis molestie eleifend. In nec diam ac lorem malesuada finibus. Etiam sollicitudin metus vel dapibus scelerisque. Morbi sed suscipit ipsum. Suspendisse viverra diam elit, at hendrerit lorem vehicula et.

Integer sit amet massa sit amet urna rhoncus finibus. Pellentesque maximus, eros rutrum consectetur sodales, augue ex tincidunt augue, ut porttitor magna nisl in velit. Ut lobortis magna nisl, ultricies varius lectus egestas quis. Sed fringilla, urna posuere volutpat cursus, felis enim posuere turpis, molestie accumsan nulla eros at nulla. Suspendisse odio urna, fringilla sit amet lobortis vitae, consectetur eget ex. Suspendisse faucibus commodo est vel finibus. Sed ac dictum felis, at ullamcorper nulla. Nullam vel finibus justo, et porta est. Donec congue, nulla non auctor consequat, elit massa scelerisque nulla, at fringilla ex ligula ac erat. Etiam vitae hendrerit erat, id fringilla tellus. Ut at volutpat risus, vel condimentum quam.

Curabitur congue lectus eu lacus scelerisque, sed rhoncus sem suscipit. Vivamus mi tortor, feugiat vel iaculis sed, eleifend eget quam. Integer cursus arcu ac venenatis egestas. Phasellus quis sagittis elit. Sed ut elit ac justo accumsan mollis. Sed eget arcu in odio iaculis pharetra eget id eros. Maecenas eu malesuada lorem. Sed finibus efficitur lectus, at posuere augue. Etiam nec consequat massa.

Sed posuere elit at faucibus tincidunt. In quis malesuada ex. Donec convallis nisi id faucibus varius. Nam condimentum risus id eros tincidunt viverra. Cras in fermentum nibh, facilisis pharetra magna. Proin at maximus neque, aliquam fringilla tellus. Mauris imperdiet sapien nisi, eu finibus enim laoreet id. Aliquam eu euismod nisi. Quisque gravida suscipit venenatis. Ut metus lacus, efficitur quis arcu quis, sollicitudin viverra elit. Sed accumsan risus quam, ut luctus ligula mattis non.

Fusce tincidunt orci justo, vel placerat tortor vestibulum vitae. Donec eu velit facilisis, accumsan mauris a, pulvinar diam. Aenean eu gravida ligula. Sed viverra sagittis imperdiet. Nullam ultricies erat et turpis bibendum, ac imperdiet dui vehicula. Proin tempor ante a mattis vulputate. Suspendisse vitae ante in justo iaculis fermentum. Sed ut turpis gravida, tempus ipsum eget, posuere diam. Nunc odio nisi, dictum non turpis vel, commodo facilisis turpis. Ut diam justo, varius sed rhoncus interdum, lobortis sed quam. Sed interdum est sit amet orci sollicitudin, nec convallis massa ornare. Donec non enim nisl.

Etiam ut porta purus. Morbi a urna ut massa fringilla viverra id at tellus. Integer venenatis, arcu a imperdiet congue,

Lorem ipsum dolor sit amet, consectetur adipiscing elit. Duis commodo nulla ut quam tempor accumsan. In condimentum libero nec aliquam iaculis. Phasellus finibus at nunc ac pellentesque. Phasellus eleifend, felis nec lacinia ornare, est neque posuere metus, nec commodo metus dolor vitae dui. Aliquam erat volutpat. In id risus a mauris egestas ultricies eu nec metus. Suspendisse porta neque massa, quis ullamcorper purus cursus non. Nunc ac euismod nibh. Vivamus fringilla cursus fermentum. Nullam quis tincidunt quam. Fusce ornare mauris turpis, sit amet hendrerit nunc venenatis non. Mauris pretium interdum porttitor.

Class aptent taciti sociosqu ad litora torquent per conubia nostra, per inceptos himenaeos. Nulla facilisi. Phasellus sollicitudin mi vitae nisi rutrum iaculis. Nunc nibh tellus, placerat nec urna sed, luctus accumsan metus. Etiam et ornare metus. Etiam posuere laoreet felis, quis finibus sem commodo ut. Etiam auctor fermentum sem, quis luctus nisl sollicitudin et. Pellentesque ultricies eget mauris nec vestibulum. Aenean id mattis mi, laoreet tristique nibh. Fusce facilisis libero felis, vehicula ultricies quam rutrum sit amet. Vivamus faucibus, diam sed consectetur eleifend, orci felis porttitor sapien, vel consectetur massa ex vitae tellus. Ut a sem nec mauris cursus imperdiet a tempor odio. Maecenas venenatis lorem turpis, eget posuere enim ultricies non.

Sed non massa non arcu pellentesque rhoncus. Donec vitae finibus leo. Phasellus et suscipit nisl. Cras leo urna, volutpat vitae sapien nec, ultricies elementum nulla. Duis bibendum rhoncus lorem, vitae ornare purus bibendum in. Integer eleifend diam sed dui finibus hendrerit. Nunc vulputate gravida erat eget porttitor. Fusce faucibus mattis pretium. Cras sem justo, gravida ut lacinia tincidunt, consectetur quis justo.

Vestibulum molestie dolor justo, a consectetur urna facilisis vitae. Cras vestibulum orci eget volutpat consequat. Vivamus sapien ligula, maximus sit amet fringilla non, lobortis id orci. Vivamus ipsum lorem, rutrum ut varius eu, interdum at metus. Vivamus eget nisl ullamcorper, eleifend eros eget, ultricies tellus. Integer et turpis mattis arcu aliquet lobortis. Phasellus quis mi elementum, molestie nulla vitae, fringilla nulla. Integer interdum neque eu bibendum rhoncus. Morbi rhoncus tellus eu vehicula pretium. Ut ut semper magna, vitae rhoncus nisi. Sed ac mi eget ex hendrerit volutpat. Suspendisse ut rutrum turpis, ac iaculis dui.

Sed nec ante tellus. Duis volutpat sit amet ante quis feugiat. Aliquam erat volutpat. Phasellus nec malesuada lectus. Integer lobortis laoreet tempor. Phasellus aliquam ex metus, a efficitur urna luctus nec. Nam luctus nulla non purus fermentum, ac fringilla augue pellentesque. Proin nunc nulla, pharetra sit amet tristique quis, porta ut nibh. Cras in odio nec mi scelerisque convallis. Mauris sodales malesuada enim, non sodales purus mattis in. Aenean ultrices ante in felis molestie eleifend. In nec diam ac lorem malesuada finibus. Etiam sollicitudin metus vel dapibus scelerisque. Morbi sed suscipit ipsum. Suspendisse viverra diam elit, at hendrerit lorem vehicula et.

Integer sit amet massa sit amet urna rhoncus finibus. Pellentesque maximus, eros rutrum consectetur sodales, augue ex tincidunt augue, ut porttitor magna nisl in velit. Ut lobortis magna nisl, ultricies varius lectus egestas quis. Sed fringilla, urna posuere volutpat cursus, felis enim posuere turpis, molestie accumsan nulla eros at nulla. Suspendisse odio urna, fringilla sit amet lobortis vitae, consectetur eget ex. Suspendisse faucibus commodo est vel finibus. Sed ac dictum felis, at ullamcorper nulla. Nullam vel finibus justo, et porta est. Donec congue, nulla non auctor consequat, elit massa scelerisque nulla, at fringilla ex ligula ac erat. Etiam vitae hendrerit erat, id fringilla tellus. Ut at volutpat risus, vel condimentum quam.

Curabitur congue lectus eu lacus scelerisque, sed rhoncus sem suscipit. Vivamus mi tortor, feugiat vel iaculis sed, eleifend eget quam. Integer cursus arcu ac venenatis egestas. Phasellus quis sagittis elit. Sed ut elit ac justo accumsan mollis. Sed eget arcu in odio iaculis pharetra eget id eros. Maecenas eu malesuada lorem. Sed finibus efficitur lectus, at posuere augue. Etiam nec consequat massa.

Sed posuere elit at faucibus tincidunt. In quis malesuada ex. Donec convallis nisi id faucibus varius. Nam condimentum risus id eros tincidunt viverra. Cras in fermentum nibh, facilisis pharetra magna. Proin at maximus neque, aliquam fringilla tellus. Mauris imperdiet sapien nisi, eu finibus enim laoreet id. Aliquam eu euismod nisi. Quisque gravida suscipit venenatis. Ut metus lacus, efficitur quis arcu quis, sollicitudin viverra elit. Sed accumsan risus quam, ut luctus ligula mattis non.

Fusce tincidunt orci justo, vel placerat tortor vestibulum vitae. Donec eu velit facilisis, accumsan mauris a, pulvinar diam. Aenean eu gravida ligula. Sed viverra sagittis imperdiet. Nullam ultricies erat et turpis bibendum, ac imperdiet dui vehicula. Proin tempor ante a mattis vulputate. Suspendisse vitae ante in justo iaculis fermentum. Sed ut turpis gravida, tempus ipsum eget, posuere diam. Nunc odio nisi, dictum non turpis vel, commodo facilisis turpis. Ut diam justo, varius sed rhoncus interdum, lobortis sed quam. Sed interdum est sit amet orci sollicitudin, nec convallis massa ornare. Donec non enim nisl.

Etiam ut porta purus. Morbi a urna ut massa fringilla viverra id at tellus. Integer venenatis, arcu a imperdiet congue,

Lorem ipsum dolor sit amet, consectetur adipiscing elit. Duis commodo nulla ut quam tempor accumsan. In condimentum libero nec aliquam iaculis. Phasellus finibus at nunc ac pellentesque. Phasellus eleifend, felis nec lacinia ornare, est neque posuere metus, nec commodo metus dolor vitae dui. Aliquam erat volutpat. In id risus a mauris egestas ultricies eu nec metus. Suspendisse porta neque massa, quis ullamcorper purus cursus non. Nunc ac euismod nibh. Vivamus fringilla cursus fermentum. Nullam quis tincidunt quam. Fusce ornare mauris turpis, sit amet hendrerit nunc venenatis non. Mauris pretium interdum porttitor.

Class aptent taciti sociosqu ad litora torquent per conubia nostra, per inceptos himenaeos. Nulla facilisi. Phasellus sollicitudin mi vitae nisi rutrum iaculis. Nunc nibh tellus, placerat nec urna sed, luctus accumsan metus. Etiam et ornare metus. Etiam posuere laoreet felis, quis finibus sem commodo ut. Etiam auctor fermentum sem, quis luctus nisl sollicitudin et. Pellentesque ultricies eget mauris nec vestibulum. Aenean id mattis mi, laoreet tristique nibh. Fusce facilisis libero felis, vehicula ultricies quam rutrum sit amet. Vivamus faucibus, diam sed consectetur eleifend, orci felis porttitor sapien, vel consectetur massa ex vitae tellus. Ut a sem nec mauris cursus imperdiet a tempor odio. Maecenas venenatis lorem turpis, eget posuere enim ultricies non.

Sed non massa non arcu pellentesque rhoncus. Donec vitae finibus leo. Phasellus et suscipit nisl. Cras leo urna, volutpat vitae sapien nec, ultricies elementum nulla. Duis bibendum rhoncus lorem, vitae ornare purus bibendum in. Integer eleifend diam sed dui finibus hendrerit. Nunc vulputate gravida erat eget porttitor. Fusce faucibus mattis pretium. Cras sem justo, gravida ut lacinia tincidunt, consectetur quis justo.

Vestibulum molestie dolor justo, a consectetur urna facilisis vitae. Cras vestibulum orci eget volutpat consequat. Vivamus sapien ligula, maximus sit amet fringilla non, lobortis id orci. Vivamus ipsum lorem, rutrum ut varius eu, interdum at metus. Vivamus eget nisl ullamcorper, eleifend eros eget, ultricies tellus. Integer et turpis mattis arcu aliquet lobortis. Phasellus quis mi elementum, molestie nulla vitae, fringilla nulla. Integer interdum neque eu bibendum rhoncus. Morbi rhoncus tellus eu vehicula pretium. Ut ut semper magna, vitae rhoncus nisi. Sed ac mi eget ex hendrerit volutpat. Suspendisse ut rutrum turpis, ac iaculis dui.

Sed nec ante tellus. Duis volutpat sit amet ante quis feugiat. Aliquam erat volutpat. Phasellus nec malesuada lectus. Integer lobortis laoreet tempor. Phasellus aliquam ex metus, a efficitur urna luctus nec. Nam luctus nulla non purus fermentum, ac fringilla augue pellentesque. Proin nunc nulla, pharetra sit amet tristique quis, porta ut nibh. Cras in odio nec mi scelerisque convallis. Mauris sodales malesuada enim, non sodales purus mattis in. Aenean ultrices ante in felis molestie eleifend. In nec diam ac lorem malesuada finibus. Etiam sollicitudin metus vel dapibus scelerisque. Morbi sed suscipit ipsum. Suspendisse viverra diam elit, at hendrerit lorem vehicula et.

Integer sit amet massa sit amet urna rhoncus finibus. Pellentesque maximus, eros rutrum consectetur sodales, augue ex tincidunt augue, ut porttitor magna nisl in velit. Ut lobortis magna nisl, ultricies varius lectus egestas quis. Sed fringilla, urna posuere volutpat cursus, felis enim posuere turpis, molestie accumsan nulla eros at nulla. Suspendisse odio urna, fringilla sit amet lobortis vitae, consectetur eget ex. Suspendisse faucibus commodo est vel finibus. Sed ac dictum felis, at ullamcorper nulla. Nullam vel finibus justo, et porta est. Donec congue, nulla non auctor consequat, elit massa scelerisque nulla, at fringilla ex ligula ac erat. Etiam vitae hendrerit erat, id fringilla tellus. Ut at volutpat risus, vel condimentum quam.

Curabitur congue lectus eu lacus scelerisque, sed rhoncus sem suscipit. Vivamus mi tortor, feugiat vel iaculis sed, eleifend eget quam. Integer cursus arcu ac venenatis egestas. Phasellus quis sagittis elit. Sed ut elit ac justo accumsan mollis. Sed eget arcu in odio iaculis pharetra eget id eros. Maecenas eu malesuada lorem. Sed finibus efficitur lectus, at posuere augue. Etiam nec consequat massa.

Sed posuere elit at faucibus tincidunt. In quis malesuada ex. Donec convallis nisi id faucibus varius. Nam condimentum risus id eros tincidunt viverra. Cras in fermentum nibh, facilisis pharetra magna. Proin at maximus neque, aliquam fringilla tellus. Mauris imperdiet sapien nisi, eu finibus enim laoreet id. Aliquam eu euismod nisi. Quisque gravida suscipit venenatis. Ut metus lacus, efficitur quis arcu quis, sollicitudin viverra elit. Sed accumsan risus quam, ut luctus ligula mattis non.

Fusce tincidunt orci justo, vel placerat tortor vestibulum vitae. Donec eu velit facilisis, accumsan mauris a, pulvinar diam. Aenean eu gravida ligula. Sed viverra sagittis imperdiet. Nullam ultricies erat et turpis bibendum, ac imperdiet dui vehicula. Proin tempor ante a mattis vulputate. Suspendisse vitae ante in justo iaculis fermentum. Sed ut turpis gravida, tempus ipsum eget, posuere diam. Nunc odio nisi, dictum non turpis vel, commodo facilisis turpis. Ut diam justo, varius sed rhoncus interdum, lobortis sed quam. Sed interdum est sit amet orci sollicitudin, nec convallis massa ornare. Donec non enim nisl.

Etiam ut porta purus. Morbi a urna ut massa fringilla viverra id at tellus. Integer venenatis, arcu a imperdiet congue,

Lorem ipsum dolor sit amet, consectetur adipiscing elit. Duis commodo nulla ut quam tempor accumsan. In condimentum libero nec aliquam iaculis. Phasellus finibus at nunc ac pellentesque. Phasellus eleifend, felis nec lacinia ornare, est neque posuere metus, nec commodo metus dolor vitae dui. Aliquam erat volutpat. In id risus a mauris egestas ultricies eu nec metus. Suspendisse porta neque massa, quis ullamcorper purus cursus non. Nunc ac euismod nibh. Vivamus fringilla cursus fermentum. Nullam quis tincidunt quam. Fusce ornare mauris turpis, sit amet hendrerit nunc venenatis non. Mauris pretium interdum porttitor.

Class aptent taciti sociosqu ad litora torquent per conubia nostra, per inceptos himenaeos. Nulla facilisi. Phasellus sollicitudin mi vitae nisi rutrum iaculis. Nunc nibh tellus, placerat nec urna sed, luctus accumsan metus. Etiam et ornare metus. Etiam posuere laoreet felis, quis finibus sem commodo ut. Etiam auctor fermentum sem, quis luctus nisl sollicitudin et. Pellentesque ultricies eget mauris nec vestibulum. Aenean id mattis mi, laoreet tristique nibh. Fusce facilisis libero felis, vehicula ultricies quam rutrum sit amet. Vivamus faucibus, diam sed consectetur eleifend, orci felis porttitor sapien, vel consectetur massa ex vitae tellus. Ut a sem nec mauris cursus imperdiet a tempor odio. Maecenas venenatis lorem turpis, eget posuere enim ultricies non.

Sed non massa non arcu pellentesque rhoncus. Donec vitae finibus leo. Phasellus et suscipit nisl. Cras leo urna, volutpat vitae sapien nec, ultricies elementum nulla. Duis bibendum rhoncus lorem, vitae ornare purus bibendum in. Integer eleifend diam sed dui finibus hendrerit. Nunc vulputate gravida erat eget porttitor. Fusce faucibus mattis pretium. Cras sem justo, gravida ut lacinia tincidunt, consectetur quis justo.

Vestibulum molestie dolor justo, a consectetur urna facilisis vitae. Cras vestibulum orci eget volutpat consequat. Vivamus sapien ligula, maximus sit amet fringilla non, lobortis id orci. Vivamus ipsum lorem, rutrum ut varius eu, interdum at metus. Vivamus eget nisl ullamcorper, eleifend eros eget, ultricies tellus. Integer et turpis mattis arcu aliquet lobortis. Phasellus quis mi elementum, molestie nulla vitae, fringilla nulla. Integer interdum neque eu bibendum rhoncus. Morbi rhoncus tellus eu vehicula pretium. Ut ut semper magna, vitae rhoncus nisi. Sed ac mi eget ex hendrerit volutpat. Suspendisse ut rutrum turpis, ac iaculis dui.

Sed nec ante tellus. Duis volutpat sit amet ante quis feugiat. Aliquam erat volutpat. Phasellus nec malesuada lectus. Integer lobortis laoreet tempor. Phasellus aliquam ex metus, a efficitur urna luctus nec. Nam luctus nulla non purus fermentum, ac fringilla augue pellentesque. Proin nunc nulla, pharetra sit amet tristique quis, porta ut nibh. Cras in odio nec mi scelerisque convallis. Mauris sodales malesuada enim, non sodales purus mattis in. Aenean ultrices ante in felis molestie eleifend. In nec diam ac lorem malesuada finibus. Etiam sollicitudin metus vel dapibus scelerisque. Morbi sed suscipit ipsum. Suspendisse viverra diam elit, at hendrerit lorem vehicula et.

Integer sit amet massa sit amet urna rhoncus finibus. Pellentesque maximus, eros rutrum consectetur sodales, augue ex tincidunt augue, ut porttitor magna nisl in velit. Ut lobortis magna nisl, ultricies varius lectus egestas quis. Sed fringilla, urna posuere volutpat cursus, felis enim posuere turpis, molestie accumsan nulla eros at nulla. Suspendisse odio urna, fringilla sit amet lobortis vitae, consectetur eget ex. Suspendisse faucibus commodo est vel finibus. Sed ac dictum felis, at ullamcorper nulla. Nullam vel finibus justo, et porta est. Donec congue, nulla non auctor consequat, elit massa scelerisque nulla, at fringilla ex ligula ac erat. Etiam vitae hendrerit erat, id fringilla tellus. Ut at volutpat risus, vel condimentum quam.

Curabitur congue lectus eu lacus scelerisque, sed rhoncus sem suscipit. Vivamus mi tortor, feugiat vel iaculis sed, eleifend eget quam. Integer cursus arcu ac venenatis egestas. Phasellus quis sagittis elit. Sed ut elit ac justo accumsan mollis. Sed eget arcu in odio iaculis pharetra eget id eros. Maecenas eu malesuada lorem. Sed finibus efficitur lectus, at posuere augue. Etiam nec consequat massa.

Sed posuere elit at faucibus tincidunt. In quis malesuada ex. Donec convallis nisi id faucibus varius. Nam condimentum risus id eros tincidunt viverra. Cras in fermentum nibh, facilisis pharetra magna. Proin at maximus neque, aliquam fringilla tellus. Mauris imperdiet sapien nisi, eu finibus enim laoreet id. Aliquam eu euismod nisi. Quisque gravida suscipit venenatis. Ut metus lacus, efficitur quis arcu quis, sollicitudin viverra elit. Sed accumsan risus quam, ut luctus ligula mattis non.

Fusce tincidunt orci justo, vel placerat tortor vestibulum vitae. Donec eu velit facilisis, accumsan mauris a, pulvinar diam. Aenean eu gravida ligula. Sed viverra sagittis imperdiet. Nullam ultricies erat et turpis bibendum, ac imperdiet dui vehicula. Proin tempor ante a mattis vulputate. Suspendisse vitae ante in justo iaculis fermentum. Sed ut turpis gravida, tempus ipsum eget, posuere diam. Nunc odio nisi, dictum non turpis vel, commodo facilisis turpis. Ut diam justo, varius sed rhoncus interdum, lobortis sed quam. Sed interdum est sit amet orci sollicitudin, nec convallis massa ornare. Donec non enim nisl.

Etiam ut porta purus. Morbi a urna ut massa fringilla viverra id at tellus. Integer venenatis, arcu a imperdiet congue,

Lorem ipsum dolor sit amet, consectetur adipiscing elit. Duis commodo nulla ut quam tempor accumsan. In condimentum libero nec aliquam iaculis. Phasellus finibus at nunc ac pellentesque. Phasellus eleifend, felis nec lacinia ornare, est neque posuere metus, nec commodo metus dolor vitae dui. Aliquam erat volutpat. In id risus a mauris egestas ultricies eu nec metus. Suspendisse porta neque massa, quis ullamcorper purus cursus non. Nunc ac euismod nibh. Vivamus fringilla cursus fermentum. Nullam quis tincidunt quam. Fusce ornare mauris turpis, sit amet hendrerit nunc venenatis non. Mauris pretium interdum porttitor.

Class aptent taciti sociosqu ad litora torquent per conubia nostra, per inceptos himenaeos. Nulla facilisi. Phasellus sollicitudin mi vitae nisi rutrum iaculis. Nunc nibh tellus, placerat nec urna sed, luctus accumsan metus. Etiam et ornare metus. Etiam posuere laoreet felis, quis finibus sem commodo ut. Etiam auctor fermentum sem, quis luctus nisl sollicitudin et. Pellentesque ultricies eget mauris nec vestibulum. Aenean id mattis mi, laoreet tristique nibh. Fusce facilisis libero felis, vehicula ultricies quam rutrum sit amet. Vivamus faucibus, diam sed consectetur eleifend, orci felis porttitor sapien, vel consectetur massa ex vitae tellus. Ut a sem nec mauris cursus imperdiet a tempor odio. Maecenas venenatis lorem turpis, eget posuere enim ultricies non.

Sed non massa non arcu pellentesque rhoncus. Donec vitae finibus leo. Phasellus et suscipit nisl. Cras leo urna, volutpat vitae sapien nec, ultricies elementum nulla. Duis bibendum rhoncus lorem, vitae ornare purus bibendum in. Integer eleifend diam sed dui finibus hendrerit. Nunc vulputate gravida erat eget porttitor. Fusce faucibus mattis pretium. Cras sem justo, gravida ut lacinia tincidunt, consectetur quis justo.

Vestibulum molestie dolor justo, a consectetur urna facilisis vitae. Cras vestibulum orci eget volutpat consequat. Vivamus sapien ligula, maximus sit amet fringilla non, lobortis id orci. Vivamus ipsum lorem, rutrum ut varius eu, interdum at metus. Vivamus eget nisl ullamcorper, eleifend eros eget, ultricies tellus. Integer et turpis mattis arcu aliquet lobortis. Phasellus quis mi elementum, molestie nulla vitae, fringilla nulla. Integer interdum neque eu bibendum rhoncus. Morbi rhoncus tellus eu vehicula pretium. Ut ut semper magna, vitae rhoncus nisi. Sed ac mi eget ex hendrerit volutpat. Suspendisse ut rutrum turpis, ac iaculis dui.

Sed nec ante tellus. Duis volutpat sit amet ante quis feugiat. Aliquam erat volutpat. Phasellus nec malesuada lectus. Integer lobortis laoreet tempor. Phasellus aliquam ex metus, a efficitur urna luctus nec. Nam luctus nulla non purus fermentum, ac fringilla augue pellentesque. Proin nunc nulla, pharetra sit amet tristique quis, porta ut nibh. Cras in odio nec mi scelerisque convallis. Mauris sodales malesuada enim, non sodales purus mattis in. Aenean ultrices ante in felis molestie eleifend. In nec diam ac lorem malesuada finibus. Etiam sollicitudin metus vel dapibus scelerisque. Morbi sed suscipit ipsum. Suspendisse viverra diam elit, at hendrerit lorem vehicula et.

Integer sit amet massa sit amet urna rhoncus finibus. Pellentesque maximus, eros rutrum consectetur sodales, augue ex tincidunt augue, ut porttitor magna nisl in velit. Ut lobortis magna nisl, ultricies varius lectus egestas quis. Sed fringilla, urna posuere volutpat cursus, felis enim posuere turpis, molestie accumsan nulla eros at nulla. Suspendisse odio urna, fringilla sit amet lobortis vitae, consectetur eget ex. Suspendisse faucibus commodo est vel finibus. Sed ac dictum felis, at ullamcorper nulla. Nullam vel finibus justo, et porta est. Donec congue, nulla non auctor consequat, elit massa scelerisque nulla, at fringilla ex ligula ac erat. Etiam vitae hendrerit erat, id fringilla tellus. Ut at volutpat risus, vel condimentum quam.

Curabitur congue lectus eu lacus scelerisque, sed rhoncus sem suscipit. Vivamus mi tortor, feugiat vel iaculis sed, eleifend eget quam. Integer cursus arcu ac venenatis egestas. Phasellus quis sagittis elit. Sed ut elit ac justo accumsan mollis. Sed eget arcu in odio iaculis pharetra eget id eros. Maecenas eu malesuada lorem. Sed finibus efficitur lectus, at posuere augue. Etiam nec consequat massa.

Sed posuere elit at faucibus tincidunt. In quis malesuada ex. Donec convallis nisi id faucibus varius. Nam condimentum risus id eros tincidunt viverra. Cras in fermentum nibh, facilisis pharetra magna. Proin at maximus neque, aliquam fringilla tellus. Mauris imperdiet sapien nisi, eu finibus enim laoreet id. Aliquam eu euismod nisi. Quisque gravida suscipit venenatis. Ut metus lacus, efficitur quis arcu quis, sollicitudin viverra elit. Sed accumsan risus quam, ut luctus ligula mattis non.

Fusce tincidunt orci justo, vel placerat tortor vestibulum vitae. Donec eu velit facilisis, accumsan mauris a, pulvinar diam. Aenean eu gravida ligula. Sed viverra sagittis imperdiet. Nullam ultricies erat et turpis bibendum, ac imperdiet dui vehicula. Proin tempor ante a mattis vulputate. Suspendisse vitae ante in justo iaculis fermentum. Sed ut turpis gravida, tempus ipsum eget, posuere diam. Nunc odio nisi, dictum non turpis vel, commodo facilisis turpis. Ut diam justo, varius sed rhoncus interdum, lobortis sed quam. Sed interdum est sit amet orci sollicitudin, nec convallis massa ornare. Donec non enim nisl.

Etiam ut porta purus. Morbi a urna ut massa fringilla viverra id at tellus. Integer venenatis, arcu a imperdiet congue,

Lorem ipsum dolor sit amet, consectetur adipiscing elit. Duis commodo nulla ut quam tempor accumsan. In condimentum libero nec aliquam iaculis. Phasellus finibus at nunc ac pellentesque. Phasellus eleifend, felis nec lacinia ornare, est neque posuere metus, nec commodo metus dolor vitae dui. Aliquam erat volutpat. In id risus a mauris egestas ultricies eu nec metus. Suspendisse porta neque massa, quis ullamcorper purus cursus non. Nunc ac euismod nibh. Vivamus fringilla cursus fermentum. Nullam quis tincidunt quam. Fusce ornare mauris turpis, sit amet hendrerit nunc venenatis non. Mauris pretium interdum porttitor.

Class aptent taciti sociosqu ad litora torquent per conubia nostra, per inceptos himenaeos. Nulla facilisi. Phasellus sollicitudin mi vitae nisi rutrum iaculis. Nunc nibh tellus, placerat nec urna sed, luctus accumsan metus. Etiam et ornare metus. Etiam posuere laoreet felis, quis finibus sem commodo ut. Etiam auctor fermentum sem, quis luctus nisl sollicitudin et. Pellentesque ultricies eget mauris nec vestibulum. Aenean id mattis mi, laoreet tristique nibh. Fusce facilisis libero felis, vehicula ultricies quam rutrum sit amet. Vivamus faucibus, diam sed consectetur eleifend, orci felis porttitor sapien, vel consectetur massa ex vitae tellus. Ut a sem nec mauris cursus imperdiet a tempor odio. Maecenas venenatis lorem turpis, eget posuere enim ultricies non.

Sed non massa non arcu pellentesque rhoncus. Donec vitae finibus leo. Phasellus et suscipit nisl. Cras leo urna, volutpat vitae sapien nec, ultricies elementum nulla. Duis bibendum rhoncus lorem, vitae ornare purus bibendum in. Integer eleifend diam sed dui finibus hendrerit. Nunc vulputate gravida erat eget porttitor. Fusce faucibus mattis pretium. Cras sem justo, gravida ut lacinia tincidunt, consectetur quis justo.

Vestibulum molestie dolor justo, a consectetur urna facilisis vitae. Cras vestibulum orci eget volutpat consequat. Vivamus sapien ligula, maximus sit amet fringilla non, lobortis id orci. Vivamus ipsum lorem, rutrum ut varius eu, interdum at metus. Vivamus eget nisl ullamcorper, eleifend eros eget, ultricies tellus. Integer et turpis mattis arcu aliquet lobortis. Phasellus quis mi elementum, molestie nulla vitae, fringilla nulla. Integer interdum neque eu bibendum rhoncus. Morbi rhoncus tellus eu vehicula pretium. Ut ut semper magna, vitae rhoncus nisi. Sed ac mi eget ex hendrerit volutpat. Suspendisse ut rutrum turpis, ac iaculis dui.

Sed nec ante tellus. Duis volutpat sit amet ante quis feugiat. Aliquam erat volutpat. Phasellus nec malesuada lectus. Integer lobortis laoreet tempor. Phasellus aliquam ex metus, a efficitur urna luctus nec. Nam luctus nulla non purus fermentum, ac fringilla augue pellentesque. Proin nunc nulla, pharetra sit amet tristique quis, porta ut nibh. Cras in odio nec mi scelerisque convallis. Mauris sodales malesuada enim, non sodales purus mattis in. Aenean ultrices ante in felis molestie eleifend. In nec diam ac lorem malesuada finibus. Etiam sollicitudin metus vel dapibus scelerisque. Morbi sed suscipit ipsum. Suspendisse viverra diam elit, at hendrerit lorem vehicula et.

Integer sit amet massa sit amet urna rhoncus finibus. Pellentesque maximus, eros rutrum consectetur sodales, augue ex tincidunt augue, ut porttitor magna nisl in velit. Ut lobortis magna nisl, ultricies varius lectus egestas quis. Sed fringilla, urna posuere volutpat cursus, felis enim posuere turpis, molestie accumsan nulla eros at nulla. Suspendisse odio urna, fringilla sit amet lobortis vitae, consectetur eget ex. Suspendisse faucibus commodo est vel finibus. Sed ac dictum felis, at ullamcorper nulla. Nullam vel finibus justo, et porta est. Donec congue, nulla non auctor consequat, elit massa scelerisque nulla, at fringilla ex ligula ac erat. Etiam vitae hendrerit erat, id fringilla tellus. Ut at volutpat risus, vel condimentum quam.

Curabitur congue lectus eu lacus scelerisque, sed rhoncus sem suscipit. Vivamus mi tortor, feugiat vel iaculis sed, eleifend eget quam. Integer cursus arcu ac venenatis egestas. Phasellus quis sagittis elit. Sed ut elit ac justo accumsan mollis. Sed eget arcu in odio iaculis pharetra eget id eros. Maecenas eu malesuada lorem. Sed finibus efficitur lectus, at posuere augue. Etiam nec consequat massa.

Sed posuere elit at faucibus tincidunt. In quis malesuada ex. Donec convallis nisi id faucibus varius. Nam condimentum risus id eros tincidunt viverra. Cras in fermentum nibh, facilisis pharetra magna. Proin at maximus neque, aliquam fringilla tellus. Mauris imperdiet sapien nisi, eu finibus enim laoreet id. Aliquam eu euismod nisi. Quisque gravida suscipit venenatis. Ut metus lacus, efficitur quis arcu quis, sollicitudin viverra elit. Sed accumsan risus quam, ut luctus ligula mattis non.

Fusce tincidunt orci justo, vel placerat tortor vestibulum vitae. Donec eu velit facilisis, accumsan mauris a, pulvinar diam. Aenean eu gravida ligula. Sed viverra sagittis imperdiet. Nullam ultricies erat et turpis bibendum, ac imperdiet dui vehicula. Proin tempor ante a mattis vulputate. Suspendisse vitae ante in justo iaculis fermentum. Sed ut turpis gravida, tempus ipsum eget, posuere diam. Nunc odio nisi, dictum non turpis vel, commodo facilisis turpis. Ut diam justo, varius sed rhoncus interdum, lobortis sed quam. Sed interdum est sit amet orci sollicitudin, nec convallis massa ornare. Donec non enim nisl.

Etiam ut porta purus. Morbi a urna ut massa fringilla viverra id at tellus. Integer venenatis, arcu a imperdiet congue,

FOOD HEALTH FITNESS TOPICS...

...SELECT TOPICS OF YOUR INTEREST...
... CREATE PRESENTATION at rftgyc.com for SHORT PRECISE RELEVANT... UP TO DATE... GOOD GREAT BEST RESULTS...

Fresh herbs that make you healthier

Grandma remedies to clear sinus congestion

Natural remedies for kidney infection

Why work is good for your health

Foods that make you poop right away

Health benefits of mushroom

Unhealthy things to avoid doing after a meal

Vitamin C rich foods for this winter

Switzerland the best for old men

How exercise benefits middle aged men

Nutrient deficiencies most of us suffer from

A home made powerful drink that flushes toxins from body

Why man is with lesser peace than animals

Why should you have a light dinner?

Apps for foodies

Fast ways to recover from viral fever

Why fever increases during night

10 daily habits of successful intelligent people

Leftovers you should never reheat

An ultimate hydration guide for good health

How to get rid of intestinal worms

Ways to make your brain more efficient

Ingredients that fight infections effectively